사형당했지만
이 편지는

세네카의 행복론

주고
싶습니다

LUCIUS ANNAEUS SENECA

사형당했지만
이 편지는

루키우스 안나이우스 세네카 지음 | 박정민 옮김

주고
싶습니다

세네카의 행복론

LUCIUS
ANNAEUS
SENECA

피르트

우리는 매일
조금씩 죽는다.
오늘을 어떻게
살 것인가?

나에게는 당장 독약을 마시라는 왕명이 떨어졌네. 내가 8년간 가르쳤던 네로 황제로부터 말이야. 걱정하면 무엇 하나? 더 나은 결과를 상상하고 희망에 기대어 쉴 것인가? 그럴 필요 없다네. 어차피 우리는 매일 죽는다네. 인간은 잘 죽는 법을 알지 못하는 한 잘 살 수 없다는 걸 잊지 말게.

미래의 두려움 때문에 현재를 망치는 것은 어리석은 일이야. 지금 불행한 이유는 미래에 불행할지도 모른다는 상상 때문이라네.

걱정을 덜어내고 싶은가? 그건 쉬운 일이라네. 두려워하는 일이 반드시 일어날 것이라고 상상해보게. 두려움을 측정하고 평가해보게. 그러면 두려움이 사소하거나 찰나의 순간임을 이해할 걸세. 소송에 휘말렸다고 가정해보겠네. 만약 패배한다면 어찌 되겠는가? 추방되거나 감옥에 가는 게 끝이지 않나? 더 심한 일이 일어날까? 화형을 당하거나 죽는 것보다 더 나쁜 운명은 없을 걸세.

그런 끔찍한 벌들을 하나씩 나열해보고, 수천 년 동안 화형이나 사형을 당하며 인생을 경멸한 사람들을 떠올려보게.

메텔루스와 루틸리우스를 보게나. 그들은 유죄 판결을 받고 불공정한 결정에만 짜증을 냈을 뿐이었네. 메텔루스는 용기로, 루틸리우스는 기쁨으로 추방을 견뎠다네. 소크라테스는 어떤가? 그는 감옥에서 대화를 나누며 즐거움을 누렸네. 탈출할 기회가 주어졌을 때도 도망가지 않았지.

두려움의 본질을 이해하게. 용감한 사람들뿐만 아니라, 비겁한 사람들도 죽음을 즐기는 용기를 보여주었지. 죽음은 두려워할 것이 아니라는 것을 믿게.

나도 사형을 명 받았네. 황제 네로를 8년간 보좌했지만 그의 폭정이 시작되면서 관직을 떠났네. 여생을 학문에 몰두하려 했지. 하지만 최근 황제 암살 계획에 연루되었

다는 의심을 받았어. 결국 네로 황제로부터 자결 명령을
받았다네. 나는 관습에 따라 독약을 마시거나 자살을 선
택할 수 있었지. 하지만 나는 내 집에서 목욕탕에 들어
가 스스로 정맥을 끊고 독약을 마시며 생을 마감하기로
했네.

이보게, 나는 죽음이 두렵지 않아. 내 신념에 따라 담담
히 맞이하고 싶네.

나는 그간 인생, 죽음, 행복에 대해 끊임없이 고민해왔
다네. 인생에 대해 고뇌할 때면 스스로에게 질문을 던졌
지. 우리는 우리가 배운 것들을 안다고 말하지 말고, 행
한다고 말해야 한다네. 기억하게. 철학을 삶에 적용하는
방법은 간단하네. 철학이 던지는 질문에 직접 답해보는
것이네.

내가 쓴 《화에 대하여》, 《항심에 대하여》, 《행복한 삶에
대하여》, 《헬비아에게 보내는 위로의 편지》, 《인생의 짧

음에 대하여》, 《루킬리우스에게 보내는 편지들》 등에서 던졌던 101가지 질문과 답을 담았다네. 자네의 답을 알려주게.

우리가 자주 들었고 말한 것을 거듭 일깨워주게. 우리는 어차피 매일 조금씩 죽어가고 있고, 매일 우리의 삶이 조금씩 사라지고 있다네. 어제까지의 모든 시간은 이미 사라졌지. 삶을 마주하게나. 많은 사람들은 삶이 불행하다고 생각하지만, 그런 생각은 불필요하다고 생각한다네.

나는 그만 가겠네. 잘 지내게.

세네카
65년 4월 12일

프롤로그는 세네카가 루킬리우스에게 보낸 24번째 편지의 일부분을 각색해 담았다. '죽음을 경멸하는 법'을 다룬 이 편지는 사형 앞에 죽음을 무서워하지 않았던 그의 삶과 철학을 가장 두드러지게 보여준다.

차례

프롤로그   *4*

Q1.   삶에 있어서 가장 큰 적은 '기대'라는 걸 왜 모르는가?   *16*

Q2.   어둠 속의 두려움은 어떻게 밝힐 수 있는가?   *18*

Q3.   위험한 인생이 더 선한 것이라고 생각해본 적이 있는가?   *20*

Q4.   생각만 해도 평온해지는 사람이 곁에 있는가?   *22*

Q5.   자기 얼굴의 큰 땀구멍은 보지 못하면서 남의 얼굴에 난   *24*
뾰루지는 왜 보고 있는가?

Q6.   묶인 개가 짖어대면 무시하면서, 멍청한 자들의 소리에   *26*
왜 귀를 기울이는가?

Q7.   개에게 물렸다고 그 개를 물겠는가?   *28*

Q8.   무절제한 행복보다 불행이 더 가치 있다고 생각해본 적   *30*
있는가?

Q9.   누군가의 창백한 얼굴이나 마른 몸에 왜 관심을 두는가?   *32*

Q10.   의사가 곧 당신이 죽는다고 말할 때, 어떻게 반응할 것   *34*
같은가?

Q11.   겸손함은 어떤 의미인가?   *36*

Q12. 시간이 약이 되는 경험을 해보았는가? 38

Q13. 행복해지는 방법을 알고 있는가? 40

Q14. 가장 자주 고함 소리가 나는 때는 언제인가? 42

Q15. 왜 남들에게 화를 내느라 인생을 낭비하는가? 44

Q16. 당신은 몇 살에 은퇴해서 한가하게 살 계획인가? 46

Q17. 은둔자의 삶은 왜 하찮다고 생각하는가? 48

Q18. 왜 부 위에 부를 쌓아 하늘을 가리려 하는가? 50

Q19. 왜 고귀한 인생을 부의 노예로 살아가는가? 52

Q20. 당신의 스승은 어떤 가치관을 가지고 있는가? 54

Q21. 당신은 어떤 철학을 가지고 있는가? 56

Q22. 왜 칼을 휘두르는 법만 배우고 있는가? 58

Q23. 매일 책을 읽는 사람이 좋은 삶을 산다고 생각하는가? 60

Q24. 학교에서 대체 무엇을 배우고 있는가? 62

Q25. 매일 한 가지 일을 한다면 무엇을 해야 하는가? 64

Q26. 벌레만큼 여가 시간이 많으면 행복한가? 66

Q27. 당신은 인생의 재앙을 친구로 삼을 수 있는가? 68

Q28. 당신은 지금 하는 일을 왜 하고 있는가? 70

Q29. 최악의 리더는 어떤 사람이라 생각하는가? 72

Q30. 우리가 쏟아부은 시간은 무엇을 남겼는가? 74

Q31. 당신은 죽기까지 일주일 남았다. 무엇을 할 것인가? 76

Q32. 돈은 나누지 않으면서, 왜 인생은 나눠주고 있는가? 78

Q33. 과도한 쾌락은 행복인가, 아니면 불행인가? 80

Q34. 고통이 두려워 피하는 사람은 왜 결국 불행해질까?   *82*

Q35. 이웃이 샀다는 이유로 얼마나 많은 물건을 샀는가?   *84*

Q36. 예기치 않은 최악의 불운을 어떻게 맞이할 생각인가?   *86*

Q37. 선에 도달한 사람은 왜 불행을 겪지 않는가?   *88*

Q38. 당신이 오늘 꼭 해야 할 일은 무엇인가?   *90*

Q39. 얼마나 많은 일들이 예상과는 달리 일어나지 않았던가?   *92*

Q40. 무엇 때문에 근심하고 있는가?   *94*

Q41. 멍에에 눌려 살 거라면, 왜 스스로 당장 목을 베지 않는 것   *96*
인가?

Q42. 죽는 법을 왜 배워야 할까?   *98*

Q43. 화가 많은 나를 바꿔줄 친구가 곁에 존재하는가?   *100*

Q44. 다른 사람의 칭찬과 관심에 너무 목매고 있지는 않은가?   *102*

Q45. 당신 곁에 있는 수준 낮은 사람은 누구인가?   *104*

Q46. 중요한 사람이 되는 것에 사람들이 왜 집착한다고 생각   *106*
하나?

Q47. 왜 자신의 장례식 같은 걸 고민하고 있는가? 죽은 이후의   *108*
명예를 대체 왜 생각하는가?

Q48. 현인들이 선함을 왜 사랑하는지 아는가?   *110*

Q49. 왜 당신을 부러워하는 사람을 멀리 둬야 할까?   *112*

Q50. 불행을 친구로 맞이할 준비가 되었는가?   *114*

Q51. 매력적이며 오만한 자는 친구로 둬야 할까?   *116*

Q52. 무례한 사람은 어떻게 다뤄야 하는가?   *118*

Q53. 위험한 장난으로 죽을 뻔한 사람들이 왜 또 같은 일을 반 **120**
복한다고 생각하는가?

Q54. 당신에게 진정으로 필요한 것과 불필요한 것을 구분하는 **122**
기준이 있는가?

Q55. 당신은 하루를 되돌아보며 반성할 용기가 있는가? **124**

Q56. 불행은 착시에 불과한 게 아닐까? **126**

Q57. 왜 사람은 화를 낸다고 생각하는가? **128**

Q58. 일 년에 몇 번이나 분노하는가? **130**

Q59. 모욕과 부당한 대우를 받았을 때, 최선의 행동은 무엇인가? **132**

Q60. 분노는 다른 감정과 무엇이 다른가? **134**

Q61. 당신은 최근 어떤 것이 가장 두려웠는가? **136**

Q62. 우리가 테이블을 내려치고 잔을 집어던지고 머리카락을 **138**
쥐어뜯을 이유가 무엇인가?

Q63. 오늘을 내버리고 내일을 살고 있지는 않은가? **140**

Q64. 눈물을 흘리는 것은 창피한 일인가? **142**

Q65. 분노의 속성을 알고 있는가? **144**

Q66. 분노와 화는 무슨 차이가 있는가? **146**

Q67. 윗사람에게 분노를 표출하는 게 옳은 일일까? **148**

Q68. 아이를 망치는 최선의 방법을 알고 있는가? **150**

Q69. 왜 사람들을 관찰하지 않는가? **152**

Q70. 과거, 현재, 미래 중에서 우리는 무엇을 붙잡고 살아야 하 **154**
는가?

Q71. 진정으로 부유한 사람은 누구인가?   156

Q72. 흰머리와 주름을 가진 사람을 보라. 그는 지금까지 훌륭   158
한 여행을 해왔을까?

Q73. 당신도 모르는 사이에 얼마나 많은 삶을 빼앗겼는가?   160

Q74. 조용한 바다는 정말 아무 운동도 하지 않는다고 생각하   162
는가?

Q75. 운을 기다리고 있는가?   164

Q76. 어려워서 못 하는 것인가, 아니면 시도하지 않아서 못 하   166
는 것인가?

Q77. 독립적인 삶은 우리 내면에서 진정한 즐거움을 피워낼 수   168
있는가?

Q78. 당신은 스스로를 믿는가?   170

Q79. 주위의 소음 속에서 어떻게 자신의 진정한 감정을 찾을 수   172
있는가?

Q80. 좋은 지식을 왜 감춰두는가?   174

Q81. 혼자 지내는 시간을 왜 하찮게 여기는가?   176

Q82. 이성보다 관습을 따르는 삶에서, 우리는 진정한 길을 찾   178
을 수 있는가?

Q83. 삶의 길이보다 내용을 채우는 것이 왜 더 중요한가?   180

Q84. 부정한 사건이 왜 꼭 나쁘다고 생각하는가?   182

Q85. 왜 당신의 몸이 당신 것이라 생각하는가?   184

Q86. 부를 왜 무겁게 여기는가?   186

Q87. 왜 타인으로부터 얻는 한가함에만 의존하는가?   *188*

Q88. 왜 친구를 도와야 하는가?   *190*

Q89. 거짓을 자랑하면 어떤 일이 벌어질까?   *192*

Q90. 왜 인간은 자연 본성을 지키지 못해 불행해지는가?   *194*

Q91. 걱정의 씨앗을 메고 어딜 가는가?   *196*

Q92. 악덕한 사람은 왜 그리됐다고 생각하는가?   *198*

Q93. 인생의 어느 항구로 가야 할지 스스로 알고 있는가?   *200*

Q94. 왜 철학자는 재산을 경멸해야 한다고 말하면서 재산을 갖   *202*
는가?

Q95. 왜 굳이 바다를 건너는가?   *204*

Q96. 부탁할 게 없다는 것이 얼마나 즐거운지 생각해보았는가?   *206*

Q97. 은혜를 베풀면 왜 반드시 돌려받아야 한다고 생각하는가?   *208*

Q98. 가장 만나기 어려운 사람은 자기 자신이라는 걸 알고 있   *210*
는가?

Q99. 살면서 얼마나 많은 재산이 있어야 한다고 생각하는가?   *212*

Q100. 운명과의 싸움에서 승리하고 싶은가?   *214*

Q101. 명성을 얻은 자를 왜 부러워하는가?   *216*

에필로그   *218*

Q1

삶에 있어서 가장 큰 적은 '기대'라는 걸 왜 모르는가?

사람들은 일 때문에 점점 더 바빠지며, 미래에 행복한 여생을 준비하려 한다. 그러나 그 과정에서 생을 잃고 만다.

사람들은 먼 장래를 위해 계획을 세우지만, 이는 어리석은 행위다. 여유로운 삶을 뒤로 미루는 것은 삶 자체를 먼 훗날로 미루는 것과 같다. 미루면 매일을 잃게 된다. 먼 미래의 약속을 위해 현재를 희생시키는 것이다. 사는 데 있어 가장 큰 장애는 기대다.

이는 내일에 의존하여 오늘을 잃는 것이다. 운명의 손에 있는 것을 바라보며, 현재 손에 있는 것을 팽개친다.

인생의 짧음에 대하여

어둠 속의 두려움은 어떻게 밝힐 수 있는가?

사실 두려워할 필요 없다. 세상에는 실제로 우리를 해치는 것보다 지레짐작으로 두려워하는 감정이 더 많다. 우리가 정말 두려워하는 건 무엇일까? 두려움은 우리가 모르는 것에 대한 반응일 때가 많다. 두려움을 줄이는 가장 좋은 방법은 그것을 명확히 밝히는 것이다.

어둠 속에서 불을 켜기 전까지 두려움이 사라지지 않는다. 우리는 조사하지 않기에 많은 것을 두려워한다. 가축 떼가 움직일 때 이는 먼지를 보며 적군이 밀려왔다고 무서워하거나, 적이 퍼뜨린 거짓 소문에 겁에 질린 병사처럼 떨고 피한다. 짐작하고 예상하기보다는 직접 불을 밝히러 움직여야 한다.

루킬리우스에게 보내는 편지들

위험한 인생이
더 선한 것이라고
생각해본 적이 있는가?

진리를 깨달은 사람들은 이 사실을 안다. 위험과 친숙해지는 것이 인생에 유익하다는 걸. 위험과 친숙해지면 앞으로 닥쳐올 일에 미리 겁먹지 않게 된다. 위험하고 어려운 삶은 인내할 줄 모르는 사람에게만 나쁜 것이다. 진리를 깨달은 자들은 담담히 마주할 뿐이다.

우리는 자주 싸울수록 더 용감해진다. 생각해보라. 우리 몸에서 자주 사용하고 단련하는 부위가 가장 강해진다. 우리는 자신을 운명에 맡길 때 비로소 운명에 단련될 수 있다. 운명은 점차 우리를 자신의 적수로 만들며, 위험에 자주 노출되어야만 그 위험을 무시할 수 있다.

루킬리우스에게 보내는 편지들

생각만 해도
평온해지는 사람이
곁에 있는가?

평온한 사람들과 함께 살다 보면, 마음도 자연스레 고요
해진다. 화를 낼 이유가 사라지니, 악한 행동도 자취를
감춘다. 마침내 화를 자극할 이들을 스스로 피하게 된다.
삶은 평온해진다.

화에 대하여

자기 얼굴의 큰 땀구멍은 보지 못하면서 남의 얼굴에 난 뽀루지는 왜 보고 있는가?

간악한 자들이여, 화살이 꽂힐 만큼 무르디무른 목표물을 찾아라. 그럼에도 다른 사람의 악함을 들추고 평가할 시간이 있단 말인가?

자기 얼굴의 큰 땀구멍은 보지 못하면서 남의 얼굴에 난 뾰루지는 잘 보는가? 이는 온몸이 곰보 자국으로 뒤덮인 사람이, 아름다운 이의 얼굴에 난 점 하나를 보고 비웃는 것과 같다.

화에 대하여

묶인 개가 짖어대면 무시하면서, 멍청한 자들의 소리에 왜 귀를 기울이는가?

말이 안 통하는 사람은 처음부터 멀리하는 것이 좋다. 정신이 멀쩡할 때도 무례한 사람인데, 술에 취하면 얼마나 더 무례해질까? 판사나 부잣집 문지기가 내 친구를 막 대한다면, 우리는 친구 편을 들어 분노할 것이다.

그렇다면 이런 때는 어떠한가? 길을 걷는데 쇠사슬에 묶인 개가 짖어도 화를 낼 텐가? 개들이 아무리 시끄럽게 짖어도 간식을 던져주면 잠잠해지듯, 어리석은 자들의 소리도 한 걸음 물러서서 웃어넘겨라. 잠잠해질 것이다.

화에 대하여

개에게 물렸다고
그 개를 물겠는가?

당신에게 목소리를 높인 사람의 자존심을 꺾으려 이를 갈아봐야 무엇이 달라질까? 비천하고 비열하며 모두를 짜증 나게 만드는 사람에게 복수하려는 이유는 무엇인가? 당신을 괴롭히고 헛소리를 지껄이는 자에게 권력을 써서 복수하는 것은 무슨 의미가 있을까?

자신을 문 상대를 똑같이 물려고 달려드는 사람은 이미 지는 것이다. 먼저 물러나는 사람이 더 낫다. 화를 내서 승리하는 자가 오히려 지는 것이다. 선의에서 지는 것은 부끄러운 일이지만, 악의에서 이기는 것은 더욱 부끄러운 일이다.

화에 대하여

무절제한 행복보다
불행이 더 가치 있다고
생각해본 적 있는가?

행복은 사람의 마음을 느슨하게 풀어헤쳐, 운명을 곱씹지 않게 만든다. 그러면 인간은 취생몽사로 나날을 보내게 된다. 배가 따뜻한 사람을 보라. 창문을 통해 들어오는 바람을 막아주고, 뜨거운 습포를 갈아붙이며 발을 따뜻하게 하고, 바닥과 벽의 난방 장치로 식당을 덥히는 자는 산들바람만 살짝 쐬어도 위험에 처한다.

과도한 것은 무엇이든 해롭고, 지나친 행복은 가장 위험하다. 행복이 지나치면 머리를 자극하고, 공상을 키운다. 진실과 거짓 사이의 경계를 자욱한 안개로 가린다. 결국 모든 게 망가진다. 무절제한 행복으로 인해 인생이 폭발해버리느니, 계속되는 불행을 미덕으로 참고 견디는 편이 더 낫지 않을까? 과식하면 배가 터져 죽으니, 굶어 죽는 편이 나을지도 모른다.

루킬리우스에게 보내는 편지들

누군가의 창백한
얼굴이나 마른 몸에
왜 관심을 두는가?

타인의 허물을 본다면, 남에게 이야기하지 말라. 그 시간에 자신의 허물도 돌아보라. 누군가의 창백한 얼굴이나 마른 몸에 신경 쓰지 말라. 결점은 누구에게나 있으니 서로 친절하게 대하라. 우리는 모두 결점을 가지고 태어난 존재일 뿐이다.

화에 대하여

의사가 곧 당신이 죽는다고 말할 때, 어떻게 반응할 것 같은가?

우리는 하루가 짧다고 투덜대면서도, 마치 하루가 무한한 듯이 행동한다. 그 누구도 시간을 소중히 생각하지 않는다. 대부분 분수에 넘치게 시간을 쓴다. 하지만 의사가 곧 죽는다고 말할 때 사람들의 반응을 살펴보라. 그들은 조금이라도 오래 살 수 있다면, 기꺼이 모든 것을 내놓으려고 한다.

보통의 사람과 무지한 사람만이 '인생의 짧음'에 대해 한탄하는 건 아니다. 2,400년 전 히포크라테스는 인생이 짧음에 대해 한탄했다. "인생은 짧고 예술은 길다." 아리스토텔레스조차 인생의 덧없음에 대해 불평한 바 있다.

인간은 짧은 삶을 부여받지 않았다. 그러나 우리는 그 삶을 짧게 만든다. 우리는 시간을 소중히 여기지 않으며, 그 소중함을 깨닫기도 전에 죽고 만다.

인생의 짧음에 대하여

겸손함은
어떤 의미인가?

겸손함은 자신을 진실하게 이해하는 것이다. 경솔한 자들은 자신의 하루를 되짚어보는 날이 없다. 겸손한 이들은 자신의 하루를 되돌아보는 데 시간을 아끼지 않는다. 자기 자신을 성실히 살펴보는 것이 진정한 겸손이다.

행운에 대하여

시간이 약이 되는
경험을 해보았는가?

분노는 우리를 삼키고, 자멸의 길로 이끈다. 하지만 차분함은 그 어둠을 밝힌다. 분노의 불길을 진정시키려면, 그저 멈춰라. 어리석은 광기를 피하려면, 평온을 택하라.

누구도 자신의 화를 미루려 하지 않는다. 하지만 시간이 흐르면 분노는 점점 가라앉고, 마음의 구름도 사라진다. 최소한 더 어두워지지는 않는다. 분노가 치솟는다면, 무언가를 하지 말라. 그저 시간을 흘려보내라.

화에 대하여

행복해지는 방법을
알고 있는가?

행복은 육체적 욕망이나 감정적 욕구에 대한 만족이 아니다. 어떤 어려움에 처해도 초연할 수 있는 평정심에서 나온다. 또한 평정된 마음은 어떤 것이든 두려워하지 않는다.

그러니 모든 일에 시시콜콜 파고들지 말라. 사람들이 당신에 대해 뭐라고 떠들어대든, 어떤 고약한 소문이 돌든 신경 쓰지 않아야 한다. 비밀스럽게 묻어둔 것까지 굳이 들춰내면 감정만 부추기게 된다. 상황은 해석에 따라 부당하게 보일 수 있다. 일부는 무시하고, 일부는 웃으면서 넘기는 게 최선이다. 그래도 남는 것들이 있다면 용서하면 그만이다.

행복한 삶에 대하여

가장 자주 고함 소리가
나는 때는 언제인가?

돈과 얽힐 때다. 법정을 소란스럽게 하는 것도, 아비와 자식을 충돌하게 하는 것도 모두 돈이다. 독을 타고 암살자들이 칼을 휘두르는 이유도 돈이다. 돈은 우리의 피로 붉게 물들어 있다. 밤을 깨우는 요란한 부부 싸움 소리도 돈 때문이다. 돈 때문에 군중은 법정을 에워싸고, 황제는 약탈을 감행하며, 여러 세대에 걸쳐 세워진 나라를 뒤엎고, 그 잿더미 속에서 금은보화를 찾는다.

(...) 상속자 없이 죽어가는 노인이 한 줌의 동전이나 노예가 청구한 은화 한 닢 때문에 화를 낸다면? 심한 관절염으로 손발이 뒤틀려 돈을 세기도 어려운 고리대금업자가 한 달에 1리 이자 때문에 고래고래 소리를 지른다면?

이들과 우리는 다르지 않다. 우리는 모두 죽음과 가까워지고 있다. 죽음을 하루 앞둔 사람이 돈 때문에 화내는 것을 보면, 이웃들은 그가 어리석다고 손가락질할 것이다. 마찬가지로 우리 또한 죽음에 가까운 존재다. 그렇기에 돈에 감정을 실을 이유가 없다.

행복한 삶에 대하여

왜 남들에게 화를
내느라 인생을
낭비하는가?

사람은 본래 자애롭다. 이 본성을 살펴보면, '화'가 자연스러운 감정인지 아닌지 분명히 가릴 수 있다. 화만큼 모진 것이 또 있을까? 사람만큼 이타심이 강한 존재가 또 있을까?

반면에 화보다 흉악한 감정이 또 있을까? 인간은 서로 돕기 위해 태어났고, 화는 파멸을 위해 존재한다. 인간은 협동을 원하고, 화는 불화를 즐긴다. 인간은 선을 행하고 싶어 하지만, 화는 해를 끼치고자 한다. 인간은 낯선 사람도 돕고 싶어 하지만, 화는 가장 소중한 친구까지 공격한다.

인간은 다른 사람의 행복을 위해 스스로 희생할 준비가 되어 있다. 그러나 화는 타인을 위험에 빠뜨리기 위해서 스스로 구렁텅이로 뛰어드는 것이다. 화를 내며 스스로 본성이 나쁘다고 떠벌리는 것처럼 어리석은 일이 있을까? 파괴적인 감정을 본성이라 믿는 것만큼 어리석은 일이 있을까?

화에 대하여

Q16

당신은 몇 살에 은퇴해서 한가하게 살 계획인가?

사람들은 시간 낭비에 너그럽다. 시간만큼은 지나치게 탐해도 되는데 말이다. 사람들은 말한다. '나는 50세가 되면 은퇴해서 한가롭게 살 것이며, 60세에는 모든 공적인 의무에서 벗어날 것이다.' 그런데 당신이 오래 산다고 어떻게 보장할 수 있을까? 인생의 자투리만 나중을 위해 모아두는 것만큼 불행한 삶은 없다. 고상해질 나이에 여유로운 시간을 배정하다니, 당신은 부끄럽지 않은가?

유익한 계획을 50세, 60세로 미뤄서는 안 된다. 인생의 후반기에 비로소 삶을 시작하려는 것은 인간의 가능성을 저버리는 어리석은 짓이다.

인생의 짧음에 대하여

은둔자의 삶은 왜
하찮다고 생각하는가?

사람들은 은둔자를 보면서 편안하고 만족스러운 삶을 살고 있다고 생각한다. 그건 착각이다. 그런 삶을 성취하는 것은 현자뿐이다.

사실 은둔자 중에는 세상에서 달아나는 사람, 실패와 추방을 두려워하는 사람이 많다. 남 잘되는 걸 참지 못하는 사람, 두려움에 휩싸여 몸을 감추는 사람이 더 많다. 이 은둔자들은 자신의 삶을 살고 있는 것이 아니다. 그것은 오히려 부끄러운, 위장과 잠과 애욕을 위한 생활이다.

누구를 위해서도 살지 않는다고 해서, 반드시 자신을 위해 사는 것은 아니다. 이는 행복에 다다른 것이 아니라, 도피한 삶일 뿐이다.

루킬리우스에게 보내는 편지들

왜 부 위에 부를 쌓아
하늘을 가리려 하는가?

수용할 수 있는 양이 적은데 더 많은 것을 원한다면, 그것은 광기이지 않을까? 아무리 재산을 늘리고 토지의 경계를 넓혀도 우리의 몸 크기는 늘릴 수 없다.

주랑을 길게 늘이고, 첨탑을 높이 세우고, 별장을 크게 확장하고, 피서용 동굴을 깊이 파고, 식당의 지붕을 높게 올린다고 한들, 결국 하늘을 가리는 것들만 많아질 뿐이다.

헬비아에게 보내는 위로의 편지

왜 고귀한 인생을
부의 노예로
살아가는가?

당신은 말할 것이다. "부가 당신과 나에게 똑같이 주어졌다면 왜 당신은 나를 비웃는가?"라고.

당신은 불평할 것이다. "부가 당신과 나에게 똑같이 주어졌습니다. 그럼 당신과 나는 같은 부를 갖고 있는데 왜 저를 비웃습니까?"

부가 왜 똑같이 중요하지 않은지 알고 싶은가? 부가 없어져도 나는 별로 달라질 게 없지만, 당신은 혼란스럽고 버림받은 것 같은 느낌을 받을 것이다. 부는 내 삶의 한 부분이지만, 당신에게는 삶의 전부다. 나는 부의 주인이지만, 당신은 부의 노예다.

행복한 삶에 대하여

당신의 스승은 어떤 가치관을 가지고 있는가?

음악가는 내게 슬픈 선율을 들려준다. 하지만 나는 역경 속에서도 슬픈 소리를 내지 않는 방법을 배우고 싶다.

기하학자는 내게 토지를 측정하는 법을 가르친다. 하지만 나는 땅을 다 잃어도 마음의 평정을 유지하는 법을 배우고 싶다.

상인은 내게 계산하는 법을 가르치며 탐욕을 부추긴다. 하지만 차라리 그런 계산이 의미 없음을 가르쳐줬으면 좋겠다. 장부를 정리할 만큼 큰 재산이 행복을 보장하지 않는다는 것을 알려주면 좋겠다. 그리고 자기 재산을 직접 계산해야 하는 사람에게 그런 재산이 얼마나 쓸모없는지를 가르쳐줬으면 한다.

루킬리우스에게 보내는 편지들

당신은 어떤 철학을
가지고 있는가?

별자리는 선원들을 안내한다. 이처럼 우리에게도 생각과 행동을 이끌어줄 이상이 필요하다. 철학은 별자리다. 철학은 운명의 타격을 무디게 하는 강력한 힘을 가진다.

어떤 무기도 철학을 정복할 수 없다. 철학은 결코 뚫리지 않는다. 철학은 무기의 힘을 무력화한다. 느슨한 보호막으로 무기를 막아낸다. 마치 무기가 처음부터 해를 끼칠 수 없었던 것처럼 말이다. 또한 철학은 조용히 돌진하여 무기를 힘껏 던져 없애버린다.

행복한 삶에 대하여

왜 칼을 휘두르는 법만
배우고 있는가?

우리 선대는 젊은이들에게 많은 것을 알려주었다. 똑바로 서는 법, 창을 던지고 휘두르는 법, 말을 몰고 무기를 다루는 법을 가르쳤다. 그런데 이런 가르침이 진정 행복에 대한 교육일까?

선대는 자식들에게 누운 채로 배울 수 있는 것은 가르치지 않았다. 새로운 교육도 옛 교육도 우리에게 덕을 가르치거나 기르게 하지 않는다. 스스로 고삐를 잡고 말을 몰 줄 알면 뭐 하나? 자신의 분노를 통제하지 못하고 끌려다닌다면 무슨 소용이겠는가?

루킬리우스에게 보내는 편지들

매일 책을 읽는 사람이 좋은 삶을 산다고 생각하는가?

필수적인 것만 유지하라. 우리들은 쓸데없는 것과 값비싼 물건으로 가득 채운 사람을 비난하지 않는가?

필요한 것 이상으로 더 알고자 하는 욕망도 일종의 무절제다. 왜일까? 무용한 지식 쌓기를 지나치게 추구하는 사람은 불필요한 것을 배우느라 시간을 낭비한다. 정말로 필요한 것을 배우지 못하게 된다. 쓸데없는 지식이 많아지면 성가시게 말이 많아진다. 상황을 가리지 않고 자기만족에 빠져버린다. 결국 지루한 사람이 되어버린다.

루킬리우스에게 보내는 편지들

학교에서 대체 무엇을 배우고 있는가?

학교에서 우리가 탈선하지 않기 위해 가르쳐야 할 것은 따로 있다. 해야 할 일을 가르치는 대신, 오디세우스가 이탈리아와 시칠리아의 인생 어느 지점에서 방황했는지 가르쳐야 한다. 아니면 우리가 알지 못하는 세상 밖의 어느 곳을 헤맸는지를 가르쳐야 한다.

우리의 마음 안에서는 온갖 폭풍우가 매일 우리를 흔든다. 끊임없는 걱정들이 오디세우스가 겪었던 불행으로 우리를 내몬다. 여기에는 사람의 피를 목말라하는 괴물, 무시무시한 속내를 감춘 매혹적인 목소리의 요물, 난파선과 숱한 재난들이 있다.

차라리 나에게 가르쳐라. 조국을 어떻게 사랑해야 하는지. 아내를 어떻게 사랑해야 하는지. 아버지를 어떻게 사랑해야 하는지. 설령 배가 난파되었더라도 어떻게 살아남아 항해할 수 있는지.

루킬리우스에게 보내는 편지들

매일 한 가지 일을 한다면 무엇을 해야 하는가?

매일 저녁, 나는 나 자신에게 묻는다.

'오늘 내가 어떤 잘못을 했는가?'
'어떤 좋은 일을 했는가?'
'어떤 의무를 수행했는가?'

인생에서 가장 중요한 것은 우리가 매일 더 나은 사람이
되도록 노력하는 것이다.

루킬리우스에게 보내는 편지들

벌레만큼 여가 시간이
많으면 행복한가?

정신 활동이 없는 여가는 살아 있어도 죽은 것과 같다. 생매장된 것이나 다름없다. 오직 철학을 위해 시간을 내는 사람들만이 진정한 여가를 즐긴다. 그들만이 진정으로 살아 있다. 그들은 인생의 시간을 잘 관리하며, 모든 순간을 자신의 삶에 더한다. 많은 시간이 흘러도 그들은 그 시간을 자신의 것으로 만든다.

인생의 짧음에 대하여

당신은 인생의 재앙을
친구로 삼을 수
있는가?

처음 족쇄를 찬 죄수는 다리에 가해진 무게와 장애물로 큰 고통을 겪는다. 그러나 시간이 지나 분노를 가라앉히고 참을 결심을 하면 강인해진다. 습관은 고통을 쉽게 참는 법을 가르친다. 재앙을 싫어하기보다는 가볍게 여기기로 마음먹어라. 어떤 상황에서도 즐거움과 위로, 기쁨을 발견할 수 있게 된다. 만약 불운이 처음의 충격과 같은 강도로 계속된다면, 그것을 견딜 수 있는 사람은 아무도 없었을 것이다.

행복한 삶에 대하여

당신은 지금 하는 일을
왜 하고 있는가?

노동은 단순히 해야 하는 일이 아니다. 그것은 인간의 귀중한 자산이다. 노동을 통해 우리는 기쁨을 느끼고, 행복을 찾을 수 있다. 노동은 모든 어려움을 이겨내는 힘을 준다. 신체를 강하게 하고, 정신을 단단하게 만든다.

노동의 고귀함을 배우지 않는 것은 마치 범죄의 길로 이끄는 것과 같다. 노동은 우리를 권태와 악덕, 그리고 무의미한 욕심에서 멀어지게 한다. 노동은 단순히 돈을 버는 수단이 아니라, 삶을 풍요롭게 하고, 자신을 성장시키는 과정이다. 노동을 통해 자신의 가치를 발견하고, 더 나은 미래를 만들어라. 노동은 결코 우리를 억압하는 것이 아니라, 우리를 자유롭게 하고, 진정한 행복을 찾게 해준다.

행복한 삶에 대하여

최악의 리더는 어떤
사람이라 생각하는가?

리더는 박수보다 비난을 선택할 줄 알아야 한다. 최악의 리더는 어떤 결정도 내리지 않는 리더다. 만약 대중을 따르기만 하면 대중과 함께 넘어지게 된다. 대중을 거스르면 대중이 넘어뜨린다. 참된 리더는 대중에게 인기가 없더라도, 도움이 되는 정책을 내놓고 부단히 설득한다.

최악의 지도자는 인기 있는 정책만 내놓고, 필요하지만 인기 없는 정책은 피한다. 결국 이런 리더는 잘못된 신념에 매료된다. 어리석게도, 결국 이런 리더들은 대중과 전문가들이 잘못됐다고 지적하는 정책만을 고집한다.

리더십에 대하여

Q30

우리가 쏟아부은 시간은 무엇을 남겼는가?

우리는 무의미한 슬픔, 어리석은 즐거움, 탐욕스러운 욕망, 형식적인 관계에 시간을 쓴다. 이 중 얼마나 많은 것이 남을까? 우리에게 주어진 시간은 길지 않다.

인생의 짧음에 대하여

당신은 죽기까지 일주일 남았다. 무엇을 할 것인가?

하루라도 더 살고 싶어 안달복달하는 사람들을 보라! 삶이 얼마 남지 않은 노인들은 몇 년만 더 살게 해달라고 애걸한다. 그들은 자기 나이보다 어린 듯이 행동하곤 한다. 자신을 속이며 운명도 속일 수 있는 것처럼 행동한다. 하지만 결국 나약함에 굴복하고 유한한 존재임을 깨달으며 겁에 질려 죽음을 맞는다. 죽음을 맞이하기보다 죽음에 끌려가는 것처럼 말이다.

또한 지금까지 제대로 살지 못했고 너무 어리석게 살았다고 후회한다. 병상에서 일어나기만 하면 인생을 제대로 즐기겠다고 다짐한다. 그러나 제대로 누리지도 못할 것을 얻기 위해 애쓰며 살았던 것이 얼마나 헛된 일이었는지 깨닫는다. 그동안의 수고가 얼마나 무의미했는지를 알게 된다. 삶이 일주일 남았다면 무엇을 할 것인가?

인생의 짧음에 대하여

돈은 나누지 않으면서,
왜 인생은 나눠주고
있는가?

얼마나 많은 시간을 채권자에게 빼앗겼는가? 애인에게, 후원자에게, 그리고 부부 싸움으로 얼마나 많은 시간을 허비했는가?

우리는 끝없이 샘솟는 우물에서 물을 퍼다 쓰듯 시간을 낭비한다. 하지만 오늘이 누군가를 위한, 혹은 무언가를 위한 마지막 날이 될 수 있다.

인생의 짧음에 대하여

과도한 쾌락은 행복인가, 아니면 불행인가?

미덕을 늘 최우선에 두어라. 쾌락을 포기하라는 뜻이 아니다. 미덕이 쾌락을 다스리게 해야 한다. 미덕은 정직, 용기, 절제와 같은 좋은 성품을 말한다. 쾌락은 우리에게 애원할 수 있지만, 강요할 수는 없다.

반면, 쾌락을 가장 중요하게 여기는 사람은 두 가지를 모두 잃는다. 먼저 미덕을 잃고, 쾌락을 누리기는커녕 쾌락의 노예가 되고 만다.

지나친 쾌락은 숨을 막고, 부족한 쾌락은 고통을 준다. 쾌락에 버림받으면 비참해지고, 넘치면 더 처참해진다. 성난 파도에 휩쓸려가는 선원처럼 몰락하게 된다.

행복한 삶에 대하여

고통이 두려워 피하는 사람은 왜 결국 불행해질까?

우리가 못 하는 일은 어려워서가 아니라, 어렵다고 생각해서 시도조차 하지 않았기 때문이다.

길을 가다 넘어져도 성실히 노력하는 이들을 우러러보라. 내 안의 힘을 알고 부단히 도전하는 사람, 큰 목표를 세우고 계속 나아가는 사람을 보라. 그들이 진정한 인생의 승리자다.

행복한 삶에 대하여

이웃이 샀다는 이유로 얼마나 많은 물건을 샀는가?

남의 것을 부러워하는 사람은 절대 자기 것에 만족하지 못한다. 그래서 자기를 부러워하는 많은 사람들은 보지 않고, 앞선 사람들만 원망하며 신을 탓한다.

자신을 부러워하는 이들을 무시한 채, 소수의 앞선 이들만 시기하는 것이다. 이보다 어리석은 이가 있을까?

행복한 삶에 대하여

예기치 않은 최악의 불운을 어떻게 맞이할 생각인가?

항상 불운에 대비하는 사람은 큰일이 닥쳐도 놀라지 않는다. 하지만 운에만 의지하며 태평하게 사는 사람은 큰 충격을 받는다. 불운에 대비하는 방법은 불운이 언제든지 닥칠 수 있음을 기억하는 것이다.

인간은 태생적으로 고난을 겪을 수밖에 없다.

루킬리우스에게 보내는 편지들

선에 도달한 사람은 왜 불행을 겪지 않는가?

선한 사람에게는 악이 생겨날 수 없다. 모순되는 것들은 서로 섞이지 않기 때문이다. 생각해보라. 많은 강물과 빗물, 광천수도 바닷물의 맛을 바꾸지 못한다. 마찬가지로 불운이 덤벼들어도 용감한 자의 마음가짐은 변하지 않는다. 그 힘은 내적인 믿음에서 나온다.

이는 선한 사람들이 외적인 것을 느끼지 못한다는 뜻이 아니라, 극복한다는 뜻이다. 선한 사람들은 평소에는 차분하고 유순하지만, 공격에 직면했을 때 결코 굴복하지 않는다.

행복한 삶에 대하여

여기서 말하는 '선한 사람'은 '착한 사람'을 뜻하지 않는다. 도덕적 원칙이 있는 사람, 진리를 깨달아 행복에 도달한 사람을 뜻한다.

당신이 오늘 꼭 해야 할 일은 무엇인가?

당신이 해야 할 일을 말하겠다. 그것은 자신의 권리를 보호하고, 지금까지 빼앗기고 잃어버린 시간을 모아 지키는 일이다. 우리의 시간은 때로는 빼앗기고, 때로는 낭비되며, 때로는 흘러가버린다. 그러나 가장 부끄러운 손실은 게으름에서 비롯된다. 아무리 조심해도 인생은 흘러가고 만다.

이미 대부분의 시간은 지나가버렸고, 지나간 세월은 모두 죽음의 손안에 있다. 당신이 해야 할 일은 단 한 시간도 헛되이 보내지 않는 것이다. 오늘을 붙잡아야 한다. 내일을 기대하며 미루는 동안 인생은 빠르게 지나간다.

루킬리우스에게 보내는 편지들

얼마나 많은 일들이
예상과는 달리
일어나지 않았던가?

우리는 현실보다 상상으로 더 큰 고통을 겪는다. 생각보다 최악의 경우는 일어나지 않는다. 얼마나 많은 일들이 예상과는 달리 일어나지 않았던가?

그런 상상을 할 바엔, 최악의 상황을 받아들이고 평온한 마음을 가져야 한다. 평온한 마음을 최고의 친구로 만들어야 한다. 평온한 마음이 당신에게 위로와 조언, 힘을 주도록 하라. 평온한 마음이 평화와 행복, 그리고 자유를 선물하게 하라.

인생의 짧음에 대하여

무엇 때문에 근심하고
있는가?

삶의 단편들을 놓고 흐느껴봐야 무슨 소용인가? 온 삶
이 눈물을 요구하는데. 고통을 당하기도 전에 고통을 느
끼는 자는 스스로 쓸데없는 고통을 더 많이 짊어진다.

인생의 짧음에 대하여

멍에에 눌려 살 거라면, 왜 스스로 당장 목을 베지 않는 것인가?

당신은 떠밀리듯 살아가고 있는가? 그렇다면 불행과 예속에서 벗어나지 못할 것이다. 목에 맨 멍에는 풀어버려라. 멍에에 눌려 평생 사느니 차라리 단숨에 생에서 벗어나는 게 나을지 모른다.

떠밀려 살지 말고 자신만의 삶으로 돌아가라. 그러면, 모든 것이 축소될지라도 만족할 만큼 차고 넘칠 것이다.

행복한 삶에 대하여

죽는 법을 왜 배워야 할까?

죽는 방법을 학습하는 일은 멋지다. 어쩌면 당신은 죽는 방법을 배우고 익히는 일이 쓸모없다고 생각할지 모른다. 배운 것을 써먹을 기회는 단 한 번뿐이니까. 그러나 바로 그 이유 때문에 우리는 연습해야 한다. 시험할 기회가 없는 것을 배우는 것은 더욱 중요하다.

죽는 방법을 배운 사람은 노예근성을 버리고, 어떠한 권력에서도 벗어나 있다. 그에게 감옥과 감시, 빗장은 무의미하다. 그의 문은 자유로이 드나들 수 있다. 우리를 묶어둔 사슬은 인생에 대한 애정뿐이다. 이 애정을 버릴 필요는 없지만, 작게 줄여야 한다. 그래야 필요할 때, 아무런 방해 없이 준비해둔 대로 죽음을 맞이할 수 있다.

루킬리우스에게 보내는 편지들

화가 많은 나를
바꿔줄 친구가 곁에
존재하는가?

화가 많은 사람은 자신의 표정과 말투를 꿰뚫어 보는 세심한 친구를 사귀어야 한다. 그런 친구 덕분에 참을성이 없고 조급한 성격이 조금은 누그러진다. 잠시 휴식할 여유도 생긴다.

아무리 거칠고 까탈스러운 사람도 자신을 부드럽게 대하는 이에게는 화를 분출하지 않는다. 야생 동물조차 다정하게 토닥여주는 사람에게는 거칠게 덤비지 않는다.

유의할 점이 있다. 무조건적으로 눈감아주는 친구와 어울리면, 남의 말을 듣지 않는 나쁜 습관이 생길 수 있다. 세심한 친구면서, 때때로 지적해주는 친구가 최고의 친구다.

화에 대하여

다른 사람의 칭찬과 관심에 너무 목매고 있지는 않은가?

진정한 칭찬은 외부에 의존하지 않는다. 내 마음속에서 올바름을 확신하기 때문이다. 내면에 진정한 칭찬을 갖고 있는 자는 칭찬을 받아도 겸손함을 잃지 않는다. 자기만족에 빠지지 않는다.

루킬리우스에게 보내는 편지들

당신 곁에 있는
수준 낮은 사람은
누구인가?

우리는 부당한 일을 견딜 인내심이 부족하다. 그러니 그런 일을 당하지 않도록 해야 한다. 불안정하거나 퉁명스러운 사람은 멀리하고, 조용하고 편안한 성품의 사람들과 어울려라. 아픈 사람들이 좋은 환경에 있으면 건강을 금세 회복하듯, 좋은 사람들과 어울리면 도움을 받고 강한 마음을 갖게 된다.

당신 곁에 좋은 사람들이 있는가? 당신을 개선해줄 사람들과 협력하라. 당신이 개선해줄 수 있는 사람들을 환영하라. 그 과정은 상호적이다. 사람은 가르치면서 배우기 때문이다.

수준 낮은 사람들과의 연회를 피하라. 술에 취하지 않은 상태에서도 겸손하지 못한 사람은 술을 마신 뒤 더 무례해진다.

행복한 삶에 대하여

중요한 사람이 되는 것에 사람들이 왜 집착한다고 생각하나?

사람들은 흔히 중요한 인물이 되기를 원한다. 명예와 권력을 추구하며 특별해지고 싶어 한다. 하지만 이런 것들은 잠시뿐이다. 외부의 칭찬은 일시적일 뿐, 지속적인 행복을 주지 못한다.

진정한 행복은 덕에서 온다. 이는 좋은 사람이 되는 것에서 시작된다. 덕은 내면의 평화와 자기만족을 준다. 중요한 인물은 외부의 평가에 의존하지만, 좋은 사람은 자신의 양심에 만족한다. 덕은 우리에게 참된 자유와 평온을 준다.

그러니 중요한 사람이 되기보다, 좋은 사람이 되기를 추구하라. 외부의 인정보다 자신의 내면의 소리에 귀 기울여라. 진정한 행복은 남의 인정이 아닌, 스스로의 덕성과 양심에서 온다.

루킬리우스에게 보내는 편지들

세네카의 행복론

왜 자신의 장례식 같은 걸 고민하고 있는가? 죽은 이후의 명예를 대체 왜 생각하는가?

우리의 인생은 끊임없이 흘러간다. 우리는 서로의 여가를 망치고 비참하게 만든다. 우리의 삶은 소득도 즐거움도 정신적 발전도 없이 흘러간다. 모두 원대한 희망만 품고 있을 뿐, 누구도 죽음을 염두에 두지 않는다. 심지어 죽은 후의 일을 계획하는 사람도 있다. 웅장한 무덤을 준비하고, 공적을 기리며, 화장에 쓸 장작을 마련하고, 호화로운 장례식을 준비한다. 이렇게 짧은 생을 살다 가는 이에게는 횃불과 촛불로 밝힌 소박한 장례식으로 충분하지 않겠는가? 자신과 대화를 나눠라.

루킬리우스에게 보내는 편지들

현인들이 선함을 왜 사랑하는지 아는가?

선인은 동료에게 거만하거나 신랄하게 굴지 않는다. 선인은 말과 행동, 감정으로 모든 사람을 예의 바르고 편안하게 대한다. 또한 악을 남의 일로만 여기지 않는다.

선인이 자신의 선함을 사랑하는 이유는, 그 선함이 언젠가 다른 이의 선함이 될 수 있기 때문이다.

루킬리우스에게 보내는 편지들

왜 당신을 부러워하는 사람을 멀리 둬야 할까?

당신을 부러워하는 사람을 경계하라. 나는 내 재능을 과시하려 애썼지만, 그 결과 적들의 표적이 되고 말았다. 나를 시기하는 이들에게 약점을 드러낸 셈이었다. 주변에 당신의 말에 찬사를 보내고, 당신의 성공을 탐내며, 당신의 환심을 사려는 사람들이 있는가? 그들은 당신의 적이거나, 적이 될 수 있는 사람들이다. 부러워하는 사람이 많다면, 시기하는 사람도 그만큼 많을 것이다. 그러니 타인에게 자랑하기보다는 내면의 선을 추구하라. 진정한 가치는 스스로 느낄 수 있는 것에 있다.

인생의 짧음에 대하여

불행을 친구로 맞이할
준비가 되었는가?

불행과 함께하는 방법을 아직 배우지 못했는가? 그렇다면 그 많은 재앙을 헛되이 보낸 것이다. 편안한 삶은 사람을 무기력하게 만든다. 사람은 노력하지 않으면 스스로의 무게에 짓눌려 탈진하게 된다. 맞아본 적 없는 행복은 한주먹에 나동그라진다.

하지만 불운과 맞서온 사람은 주먹에 굳은살이 생겨 어떤 고난에도 물러서지 않는다. 맨땅에 꼬꾸라져도 무릎으로 버티며 끝까지 싸운다. 불행과 함께해야 한다.

행복한 삶에 대하여

매력적이며 오만한 자는 친구로 둬야 할까?

오만한 자는 경멸의 말을 한다. 말이 많은 자는 모욕적인 언행을 한다. 무례한 자는 건방지게 행동한다. 심술궂은 자는 사악한 의도를 품는다. 호전적인 자는 싸움을 걸고, 허풍쟁이는 거짓말로 우리를 화나게 한다. 의심 많은 자는 의심의 눈초리로 바라보고, 고집불통인 자는 기를 써서 이기려 한다. 오만한 사람은 우리를 무시한다. 누구라도 참기 힘들 것이다. 능력이 있지만 무례한 자는 반드시 피하라. 솔직하고 천성이 바른 이들과 사귀어라.

화에 대하여

무례한 사람은 어떻게
다뤄야 하는가?

상대의 비뚤어진 부분을 바로잡아야 한다. 그러나 다짜고짜 화부터 내선 안 된다. 신중히 다가서야 한다. 잘못을 지적하는 것은 상처를 주기 위해서가 아니라, 상대를 고치기 위함이다. 휘어진 창끝을 반듯하게 만들려면, 먼저 높은 열로 다루어야 한다. 그런 다음 조심스럽게 구부러진 부분을 펴면서 창끝이 부러지지 않도록 주의해야 한다.

나쁜 마음에 얽매인 비뚤어진 자들은 어떻게 해야 할까? 그들을 곧게 고치기 위해서는, 일정한 고통을 몸과 마음과 정신에 가해야 한다. 화내지 말고, 신중히 지적하라. 휘어진 창끝에 예열을 가하듯.

화에 대하여

위험한 장난으로 죽을 뻔한 사람들이 왜 또 같은 일을 반복한다고 생각하는가?

해안가를 보면 위험에 처한 사람들이 있다. 해안에 발이 묶여 죽을 뻔한 사람들이, 운 좋게 목숨을 건져 해안가로 걸어온다. 하지만 그들은 다시 파도에 접근하다가 휩쓸려 또다시 죽을 뻔한다. 이는 자신의 절제력을 과신하고, 남몰래 사악한 짓을 동경한 탓이다.

인간의 마음은 흔들리기 마련이다. 우리는 늘 새로움과 자극을 추구하려는 경향이 있어 쉽게 마음이 흔들린다. 짜릿한 일탈의 기회는 절대 마다하지 않는다. 잘못됐다는 사실을 알면서도 자주 욕망에 굴복한다. 통증이 따를 것을 알면서도 다친 곳을 만지고, 상처가 남을 것을 알면서도 가려운 곳을 긁듯이, 인간의 왜곡된 욕망은 고통과 번뇌 속에서 쾌락을 찾는다. 쾌락을 좇으면 불행만 남는다.

삶의 짧음에 관하여

당신에게 진정으로 필요한 것과 불필요한 것을 구분하는 기준이 있는가?

음식을 먹고자 하는 욕망의 기준은 얼마나 먹고 싶은가가 아니다. 꼭 먹어야 하는 양을 아는 것이다. 행동도 마찬가지다. 그 수많은 일들을 하지 않다 보면, 우리는 지금 하고 있는 일들이 얼마나 쓸모없는지 알게 된다. 우리는 그 일들이 필요해서가 아니라 그저 해왔기에 지속해온 것이다. 우리는 삶이 다른 사람들의 관습에 이끌릴 때 괴로워한다. 이성으로 잘못을 바로잡는 대신 어리석은 관행에 미혹되기 때문이다.

루킬리우스에게 보내는 편지들

당신은 하루를
되돌아보며 반성할
용기가 있는가?

매일 밤, 나는 그날의 일을 반성한다. 해가 지고 아내가 조용해지면, 나는 오늘을 돌아본다. 내가 한 행동과 말을 되짚어본다. 숨기지 않고, 빼놓지 않고. '다시는 이렇게 하지 말자, 오늘은 용서하자'라고 말할 수 있는 용기가 필요하다. 잘못을 두려워할 필요가 없다.

화에 대하여

불행은 착시에
불과한 게 아닐까?

불행의 여정은 사람들이 생각하는 것만큼 험하지 않다. 처음에는 바위와 절벽, 길이 없는 것처럼 보인다. 멀리서 보면 깎아지른 듯한 낭떠러지로 이어진 듯이 보인다. 이는 착시 현상 때문이다. 가까이 다가서면 엉켜 있던 시선이 점차 풀린다. 그러면 가파르게 보였던 비탈도 완만하게 드러난다.

항심에 대하여

왜 사람은 화를 낸다고
생각하는가?

분노는 주로 잘못된 판단에서 비롯된다. 사소한 일을 과도하게 중요하게 여기고, 그것이 큰 해를 끼친다고 생각하기 때문이다. 만약 지금 화낼 일을, 3년 뒤에 지켜본다면 대부분은 미소 짓고 넘어갈 일이다.

화에 대하여

일 년에 몇 번이나
분노하는가?

분노는 가장 선한 사람도 변하게 한다. 분노에 사로잡히면 모든 의무를 잊는다. 아버지는 적이 되고, 자식은 부모를 해치며, 어머니는 계모가 되고, 국민은 적이 된다. 왕은 폭군이 된다.

현자들은 분노를 '순간의 광기'라 부른다. 분노는 자신을 통제하지 못한다. 예의를 무시하고, 우정을 개의치 않으며, 시작되면 끝을 본다. 이성과 충고에 귀를 닫고, 사소한 말이나 행동에 흥분한다. 옳고 그름을 가리지 못한다. 분노는 붕괴하는 건물과 같다. 자신이 무너지면서 주변의 모든 것을 산산이 부서뜨린다. 분노를 조절하지 못하는 자는 선하다고 할 수 없다. 지혜롭다 말할 수 없다.

화에 대하여

모욕과 부당한 대우를
받았을 때, 최선의
행동은 무엇인가?

그저, 조금 뒤로 물러나 껄껄 웃어라. (⋯) 화를 참는 방법은 많으나, 농담으로 넘기는 것이 최고다. 부당한 대우가 중요한 게 아니다. 중요한 것은 이를 어떻게 참아낼 것인가다. 절제는 그리 어려운 일이 아니다. 타고난 성격과도 무관하다. 큰 행운 속에 제멋대로 살아온 폭군들마저도 자신의 야만성을 억누른 적이 있지 않았던가!

화에 대하여

분노는 다른 감정과
무엇이 다른가?

분노는 저절로 끓어올라 얼굴에 드러난다. 커질수록 더 분명하게 타오른다. 동물이 공격할 때 보내는 신호처럼 말이다. 멧돼지는 거품을 물고, 황소는 뿔을 휘두르며, 사자는 으르렁거린다. 화난 뱀은 목이 팽창하고, 미친개의 눈초리는 소름 끼친다. 분노가 침입하면 평소에 없던 야성이 드러난다.

다른 감정도 숨길 수 없다. 욕망, 공포, 무모함도 드러난다. 격렬한 감정은 표정에 변화를 가져온다. 무엇이 다른가? 다른 감정은 드러나지만, 분노는 폭발한다. 분노에 자주 휩쓸린다는 건 멧돼지, 황소, 뱀과 다름없다.

화에 대하여

당신은 최근 어떤 것이 가장 두려웠는가?

위기가 닥치더라도 흔들리지 않을 수 있다. 위기를 맞기 전에 단련하면 그만이다. 열악한 환경에 자신을 놓아두고 면역을 키우며, 영혼을 두드려 단단하게 만들어라. 부의 폭력성에 맞서 버틸 수 있도록.

군인은 적이 보이지 않는 평화로운 날에 참호를 파며 노역한다. 그렇게 함으로써 훗날 피할 수 없는 운명을 마주했을 때 감당할 수 있게 된다. 불행 또한 면역을 키워두면 그만이다.

루킬리우스에게 보내는 편지들

우리가 테이블을 내려치고 잔을 집어 던지고 머리카락을 쥐어뜯을 이유가 무엇인가?

분노의 눈은 이글이글 불타오른다. 분노는 거칠게 숨 쉬며, 고통으로 신음하고 울부짖으며 끔찍한 소리를 낸다. 분노는 자기 몸에 상처를 입힌다. 우리는 멍든 채 피를 흘리며, 일그러진 얼굴로 양손에 든 창을 휘두른다.

보호할 방패는 아랑곳없이, 증오에 휩싸여 자욱한 먼지 구름 속을 누비며 공격하고 파괴하고 약탈한다. 다른 방법이 없다면, 차라리 땅과 바다와 하늘의 파멸을 원한다. 분노는 혐오와 멸시의 대상이면서, 자신에게도 해로운 것이다.

화에 대하여

오늘을 내버리고 내일을 살고 있지는 않은가?

바쁨에 휩싸인 이 세상에서, 우리는 너무 많은 것을 잃어 가고 있다. 마음은 잡다한 일에 갇혀, 진정한 삶의 아름다움을 놓치고 있다. 많은 것을 억지로 욱여넣으면 토하고 만다. 진정한 삶은 바쁨 속에서 찾을 수 없다. 오늘을 살아야 한다, 내일이 아니라. 인생의 목표는 더 많은 일을 이루는 것이 아니라, 더 많은 여유를 가지는 것이다.

인생의 짧음에 대하여

눈물을 흘리는 것은
창피한 일인가?

울 수 있다면 울어라. 슬픔을 억누르는 것은 더 큰 고통을 초래할 뿐이다. 다만, 슬픔에 지배당하지 않아야 한다. 울음으로 슬픔을 단번에 떼어내라.

루킬리우스에게 보내는 편지들

분노의 속성을 알고
있는가?

어떤 분노는 소리 지르고 나면 진정되지만, 어떤 분노
는 쉽게 가라앉지 않는다. 어떤 분노는 곧바로 주먹을
휘두르지만, 분노에 찬 말을 담지 않는다. 어떤 분노는
욕설이나 험담을 쏟아낸다. 어떤 분노는 불평과 혐오를
남기지만, 어떤 분노는 무겁게 가라앉아 내면에 틀어박
힌다.

분노의 다양한 형태는 우리의 성격과 상황에 따라 다르
다. 분노는 하나가 아니며, 여러 속성을 갖고 있다. 분노
가 치민다면, 분노가 어떤 속성을 갖고 있는지 들여다보
라. 그 순간 천천히 분노는 가라앉기 시작한다.

화에 대하여

분노와 화는 무슨
차이가 있는가?

분노는 단순한 움직임이 아닌 폭주다. 일반적인 화는 돌발적인 충동이기에, 이성이 허락하지 않으면 존재하지 않는다. 누군가 화를 내게 만들었다고, 상대를 죽이진 않을 것이다. 왜냐하면 처벌이 두렵기 때문이다. 마음이 복수나 징벌을 생각하지 않는다면, 충동이 일어날 리 없다. 자신이 해를 입었다고 믿는 사람은 복수를 원하지만, 제지당하면 곧 가라앉는다. 이것은 분노가 아니라, 이성에 따르는 마음의 움직임이다. 이성을 넘어 억지로 행동을 이끄는 것이야말로 진정한 분노라 말할 수 있다.

화에 대하여

윗사람에게 분노를 표출하는 게 옳은 일일까?

윗사람에게 분노를 표출하는 것은 자기 자신을 더욱 고문하는 행동이다. 명령에 반항할 때 그 무게는 더 무거워진다. 사나운 짐승일수록 반항을 하곤 하는데, 족쇄는 더 단단히 조여질 뿐이다. 끈끈이에 붙은 새가 당황해 격렬하게 날갯짓하면, 날개 전체가 휘감기어 더 달아날 수 없게 된다. 최악의 상황이 된다.

윗사람이 내 화를 돋웠다 하더라도, 멍에를 지고 나아가는 것이 낫다. 반항하는 것보다 상처가 작다. 커다란 재앙과 불운을 가볍게 해주는 것은 오직 하나다. 참고 자신의 운명에 순응하는 것이다.

화에 대하여

아이를 망치는 최선의 방법을 알고 있는가?

부드럽고 엄하지 않은 교육은 아이를 불행하게 만든다. 오히려 이런 아이는 화가 많은 아이가 된다. 귀여움을 받을수록, 많은 것을 허용받을수록 아이의 마음은 쉽게 타락한다. 한 번도 야단맞지 않은 아이, 어머니가 늘 눈물을 닦아주는 아이, 양육 담당자를 제멋대로 부리는 아이는 어려움을 참지 못한다.

아이가 언짢아한다고 억지를 들어줘서는 안 된다. 아이가 울더라도 부당한 것은 허용하지 말라. 얌전할 때 칭찬하고, 부모의 재산을 알게 하되 함부로 쓰게 해서는 안 된다. 본인의 연약한 마음이 아이를 불행하게 만든다.

화에 대하여

왜 사람들을 관찰하지 않는가?

누군가는 끝없이 탐욕을 부리고, 누군가는 쓸모없는 목표에 매달린다. 술에 취해 흥청거리는 이가 있는가 하면, 게으름에 빠져 빈둥거리는 이가 있다. 어떤 이는 타인의 평가에 휘둘려 명예를 좇는다. 어떤 이는 돈에 눈이 멀어 바다와 육지를 떠돈다. 어떤 이는 타인에게 위협적인 존재가 되려 전투를 갈망한다. 어떤 이는 누구의 강요도 없는데 자신보다 잘난 사람을 맹목적으로 보필하며 하인 노릇에 진땀을 뺀다. 그들이 행복한지 관찰하라. 그들을 보며, 스스로 어떤 삶을 살아야 하는지 생각해보라.

인생의 짧음에 대하여

과거, 현재, 미래
중에서 우리는 무엇을
붙잡고 살아야 하는가?

인생은 과거, 현재, 미래로 나뉜다. 우리가 사는 현재는 짧다. 다가올 미래는 불확실하다. 이미 지나간 과거는 고정되어 있다. 과거는 이미 지나갔기에 운명의 여신조차 손쓸 수 없다. 아무리 큰 권력을 지녔다 해도 과거를 되돌릴 수는 없다.

다른 일에 바쁜 사람들은 과거를 돌아볼 시간조차 없다. 그 사실을 잊고 산다. 만약 과거를 돌아볼 시간이 있다 해도, 후회로 가득 찬 과거를 되돌리는 일은 유쾌하지 않을 것이다. 생각해보라. 과거, 현재, 미래 중에 무엇에 집중해야 할 것인지. 정답은 정해져 있다.

인생의 짧음에 대하여

진정으로 부유한
사람은 누구인가?

진정으로 부유한 사람은 누구일까? 가난에도 굶주리지 않고 목마르지 않으며, 추위에 얼어붙지 않는 사람이다. 배고픔과 목마름을 해결하려고 문지방에 앉아 있을 필요도 없다. 누군가의 치켜올린 눈썹과 은근한 무례함을 참을 필요도 없다. 바다에 나가거나 전쟁터에 나갈 필요도 없다. 자연이 필요로 하는 것은 우리 눈앞에 있으며, 바로 손에 넣을 수 있다. 그런데도 우리는 쓸모없는 것을 찾아 비지땀을 흘린다. 그 결과 옷은 닳고, 우리는 막사 안에서 늙어가며 외방의 해안가로 밀려난다. 주어진 것만으로도 충분하다. 가난과 잘 지내는 사람이야말로 진정으로 부유한 사람이다.

행복한 삶에 대하여

흰머리와 주름을
가진 사람을 보라.
그는 지금까지 훌륭한
여행을 해왔을까?

누군가의 흰머리와 주름만 보고 오래 살았다고 여기지 말자. 그는 오래 살아온 게 아니라, 그는 그저 오래 있었을 뿐인지 모른다.

한 남자가 배를 타고 여행을 떠난 장면을 생각해보자. 그는 항해 도중 폭풍을 만나 바람에 휘둘려 계속 같은 자리를 맴돌고 있다. 그는 훌륭한 여행을 한 게 아니다. 그저 제자리에 오래 머문 것이다.

인생의 짧음에 대하여

당신도 모르는 사이에 얼마나 많은 삶을 빼앗겼는가?

우리는 돈을 내는 물건만 '산다'고 여기고, 시간으로 지급하는 건 '공짜'라고 여긴다. 실제로 돈과 재물, 명예는 우리의 것이 아니다. 우리에게 속한 것은 시간이 유일하다.

사람들은 가진 재산을 지키기 위해 구두쇠 노릇을 한다. 정작 아껴야 할 시간을 허비할 때만큼은 너무나 너그러워진다.

주체하지 못할 정도로 막대한 부도 주인을 잘못 만나면 순식간에 바닥난다. 반대로 보잘것없는 재산이라도 주인을 잘 만나면 눈 깜짝할 사이 불어난다. 우리가 잘 활용한다면 타고난 수명도 마땅히 풍요로워질 것이다.

인생의 짧음에 대하여

조용한 바다는 정말
아무 운동도 하지
않는다고 생각하는가?

바다가 조용하다는 것은 어떤 움직임도 없다는 뜻이 아니다. 온화하게 일렁이며 한 방향으로만 움직이지 않는 상태를 말한다. 그렇기에 '바람이 멎고 바다가 멈추었다'라는 시구에서 바다는 멈춘 것이 아니다. 온화하게 일렁여 어떤 방향에서도 충격을 받지 않기 때문에 조용하다는 뜻이다.

공기도 마찬가지다. 공기가 조용해도 결코 정지 상태는 아니다. 태양의 빛이 닫힌 공간에 스며들 때 매우 작은 입자들이 위아래로, 이리저리 돌아다니며 다양한 방향으로 움직이는 것을 보면 알 수 있다. 성장도 이와 같다. 참으로 위대한 일은 언제나 서서히, 눈에 보이지 않게 이루어진다. 겉으론 아무런 미동도 없는 것처럼 보이더라도.

자연에 대하여

운을 기다리고 있는가?

운이란 준비가 기회를 만났을 때 찾아오는 것이다. 재능을 낭비하지 말고 할 수 있는 일을 묵묵히 하라. 원하는 일을 위해 기회를 기다리지 말고, 기회를 만들어라. 준비된 일을 위해 운을 바라지 말고, 운을 손에 쥐어라.

운은 우리가 통제할 수 없는 바람일 뿐이다. 우리의 행복과 성공을 결정하지 않는다. 운에 의존하지 말고, 자신의 노력과 준비에 뿌리내려라.

루킬리우스에게 보내는 편지들

어려워서 못 하는 것인가, 아니면 시도하지 않아서 못 하는 것인가?

인간의 삶은 끊임없는 고난과 시련의 연속이다. 고난을 피하기보다 극복하는 법을 배워라. 용기를 발휘하라. 두려움과 고통을 넘어 목표와 꿈을 향해 행동하라. 할 수 있는 것보다 더 큰일을 위해 노력하라. 하고 싶은 일을 위해 용감해져라. 하기 싫은 일을 위해 강인해져라.

루킬리우스에게 보내는 편지들

독립적인 삶은 우리 내면에서 진정한 즐거움을 피워낼 수 있는가?

행복은 독립적이고 곧은 삶에서 온다. 두려움과 흔들림이 없는 곳에서 명예를 유일한 선으로, 치욕을 유일한 악으로 여겨라. 나머지는 삶에 영향을 미치지 않는다. 이런 정신 상태가 진정한 행복이다.

자신이 가진 것을 즐길 줄 알고, 마음속 즐거움 이상의 것을 욕심내지 말라. 이런 즐거움은 일시적 충동, 일시적 쾌락을 뛰어넘는다.

루킬리우스에게 보내는 편지들

당신은 스스로를
믿는가?

삶이 행복해지려면 신뢰할 수 있는 올바른 판단을 하며, 어떤 상황에서도 흔들리지 않아야 한다. 그래야 마음속 먹구름을 걷어내고 자유로울 수 있다. 크고 작은 상처에도 다치지 않으며, 운명의 여신이 위협해도 흔들리지 않는다. 스스로를 믿는 태도, 그 자체가 선이다.

루킬리우스에게 보내는 편지들

주위의 소음 속에서 어떻게 자신의 진정한 감정을 찾을 수 있는가?

어떤 사람은 채찍에 맞아도 웃고, 어떤 사람은 손바닥으로 맞아도 신음한다. 이런 반응을 보면, 고통 그 자체의 힘보다 무언가 다른 힘이 작용한다는 걸 알 수 있다.

나에게 약속해주겠는가? 주위 사람들이 당신을 불행하다고 말할 때, 남들의 말보다 자신의 느낌을 고려하겠다고. 당신을 가장 잘 아는 사람은 바로 자기 자신이라고.

루킬리우스에게 보내는 편지들

좋은 지식을
왜 감춰두는가?

아무한테도 말하지 않고 입 다물어야 한다는 조건으로 내게 지혜가 전수된다면 나는 거부하겠다. 나누지 않고 소유하는 데는 기쁨이 없다.

혼자 지내는 시간을
왜 하찮게 여기는가?

군중 무리에 껴 삶을 낭비하고 있지는 않은가? 우리는 군중과 함께 있을 때보다 혼자 있을 때 더 나은 사람이 된다. 군중 속에서는 쉽게 타락하고, 그들의 악덕에 물들기 쉽다. 군중을 피하고, 자기 자신과 함께 시간을 보내라.

루킬리우스에게 보내는 편지들

이성보다 관습을 따르는 삶에서, 우리는 진정한 길을 찾을 수 있는가?

여행에서 표지판을 따라가면 길을 잃지 않는다. 하지만 표지판을 따라갔을 때 붐비는 길이 대개 가장 위험하다. 한 마리 양처럼 무리를 따라가지 말라. 그러면 스스로 원하는 곳이 아닌, 무리가 원하는 곳으로 가게 된다. 우리의 많은 문제는 이성보다 관습에 따라 삶을 조직하기 때문에 생긴다.

루킬리우스에게 보내는 편지들

삶의 길이보다 내용을 채우는 것이 왜 더 중요한가?

그동안 당신은 근거 없는 걱정과 탐욕, 사교 생활에 삶을 낭비해왔다. 이제 남은 시간은 많지 않다. 하지만 이제, 당신은 원하는 대로 삶을 가꿀 수 있다. 다른 사람이나 사회적 기준에 따르지 않고, 자신의 이상과 원칙에 따라 살 수 있다. 무엇을 위해 살고 있는지 알면서, 진정한 삶을 누릴 수 있다.

삶의 길이는 삶의 가치와 관련이 없다. 사람들은 삶을 늘리려 애쓰지만, 그로 인해 삶이 풍부해지지 않는다. 중요한 것은 얼마나 긴 삶을 사는가가 아니라, 얼마나 행복한 삶을 사는가다. 삶은 길이보다 내용이 중요하다.

인생의 짧음에 대하여

Q84

부정한 사건이 왜 꼭
나쁘다고 생각하는가?

물속에서는 가만히 있을 수 없다. 하지만 헤엄치려면 물속에 있어야 한다. 지금 논의하는 것도 이와 비슷하다. 내가 부정한 일을 당했다면, 그것은 필연적으로 발생한다. 그러나 부정한 일이 벌어졌다고 해서, 반드시 내가 최악을 직면해야 하는 것은 아니다. 부정을 막는 일이 자주 발생하기 때문이다. 누군가 갑자기 나에게 활을 쏴서 위험에 처하는 일은 부정한 일이다. 하지만 내가 피할 수도 있고, 누군가 막아줄 수도 있다. 혹은 화살이 빗나갈 수도 있다. 부정한 일이 꼭 최악을 초래하는 건 아니다. 그러니 일이 벌어지더라도, 내가 당하지 않을 수도 있다. 즉, 부정한 사건이 일어났다고, 왜 나에게 이런 일이 벌어졌냐며 한탄할 필요가 없다.

항심에 대하여

왜 당신의 몸이
당신 것이라
생각하는가?

우리는 어떤 일을 할 때, 그 일이 끝나기 전까지 즐기지 못한다. 그러나 이런 생각을 해보라. 우리가 살아 있는 시간은 얼마나 짧은지를. 그러면 삶이 더욱 소중히 여겨질 것이다. 무리할 이유가 없다.

이 몸을 갖고 있는 동안에는 노동과 수고를 최소화하고 그 시간을 즐겁게 써라. 당신은 잠시 동안만 이 몸을 빌렸을 뿐이다.

루킬리우스에게 보내는 편지들

부를 왜 무겁게
여기는가?

돈을 벌든 쓰든 한 가지 원칙만 알면 부자가 될 수 있다. 부는 가벼이 여길 때 가장 빠르게 얻을 수 있다.

행복은 부와 명예, 권력 같은 외부 요소에 좌우되지 않는다. 우리는 외부보다 내부에 집중해야 한다. 당신은 가진 것이 아니라 당신이 필요로 하는 것으로도 만족할 수 있다. 가진 것이 많든 적든 상관없이 행복할 수 있으며, 가진 것을 잃어도 슬퍼하지 않을 수 있다.

루킬리우스에게 보내는 편지들

왜 타인으로부터
얻는 한가함에만
의존하는가?

가이우스 투란니우스는 바지런한 노인이었다. 90세가 넘은 집사 노인이 황제로부터 파직당했을 때, 가족들은 그가 죽은 것처럼 슬퍼했다. 가신들도 할 일이 없어진 주인을 보며 탄식했다.

사람들은 바쁘게 살다 죽는 것을 기뻐한다. 견딜 수 있는 능력 이상으로 오래 일하기를 원한다. 약해진 몸과 싸우면서도 노년이라는 말에 씁쓸해한다. 이는 노인이 되면 배제되기 때문이다. 법률도 50세부터는 병사로, 60세부터는 원로원 의원으로 소집하지 않는다. 사람들은 법으로 주어지는 한가함보다 스스로 얻는 한가함을 더 어려워한다.

인생의 짧음에 대하여

왜 친구를 도와야
하는가?

만약 당신이 자신에게 도움이 되는 일을 원한다면, 친구를 훌륭한 인물로 만들어라. 어떤 방식으로든 도움을 줘라. 사람들은 이러한 친절을 원하는 동시에, 친절을 받으면 베풀어야 한다고 생각한다. 이는 주는 쪽이나 받는 쪽이나 모두에게 유익한 최고의 행위다.

루킬리우스에게 보내는 편지들

거짓을 자랑하면
어떤 일이 벌어질까?

말에게 황금 재갈을 물린다고 그 말이 더 좋아지는 것은 아니다. 황금으로 장식된 사자도 마찬가지다. 사자가 무거운 황금을 장식한 채 조련을 받는다면, 황금 무게를 견뎌야 해서 기운이 없어진다. 반면에 야생의 생기로 가득한 사자는 재빠르다. 투기장에 나오는 걸음걸이 자체가 황금장식 사자와는 다르다.

마찬가지로 누구든지 자신의 것이 아닌 것을 자랑해서는 안 된다. 포도나무를 칭찬하는 것은 가지가 휠 정도로 열매가 가득할 때다. 열매의 무게로 가지가 지면에 닿을 것 같을 때다. 누가 황금잎이 달린 포도나무 그림을 더 좋다고 하겠는가? 포도나무의 미덕은 풍작이며, 인간도 칭찬의 대상은 자신의 것이어야 한다. 본질을 벗어난 꾸밈은, 꾸밈 없는 것만 못하다.

루킬리우스에게 보내는 편지들

왜 인간은 자연
본성을 지키지 못해
불행해지는가?

우리는 자연 본성에 따라 살아가고 있다. 그러나 우리의 무분별한 행동이 자연 본성에 따른 삶을 어렵게 만든다. 우리는 서로를 온갖 악덕으로 밀어내고 있다. 어떻게 해야 다시 서로를 구원할 수 있을까? 누구 하나 말리는 이 없이, 서로 악덕을 부추기고 있는데 말이다. 무리에 휩쓸리는 삶은 자연 본성대로 살 수 없게 만든다. 군중에 휩쓸린 삶은 자연 본성을 벗어난 삶을 만든다.

루킬리우스에게 보내는 편지들

걱정의 씨앗을 메고
어딜 가는가?

철학의 좋은 점은 계보를 묻지 않는다는 것이다. (…) 사람들의 출신이 아니라 상대의 철학에 주목해야 한다. 인생을 행복하게 하는 것은 그 자체로 선한 것이다. 썩어서 악이 될 일은 없기 때문이다.

인생의 행복은 불안에서 완전히 벗어난 자신감에서 나온다. 사람들은 걱정의 씨앗을 한데 모아서 함정이 흩뿌려진 길을 간다. 무거운 짐을 두른 채로. 때때로 그마저도 질질 끌고 가기도 한다. 그렇게 이루려는 목표는 점점 멀어지고, 노력을 기울이면 기울일수록 옴짝달싹 못 하고 뒷걸음질 치게 된다. 미로에서 서두르면 걸음이 뒤엉키게 되니까.

철학적인 삶은 그 자체로 선한 것이다. 하지만 사람들은 대부분 걱정의 씨앗만 수집한다.

루킬리우스에게 보내는 편지들

Q92

악덕한 사람은
왜 그리됐다고
생각하는가?

건강을 돌보되, 지나치게 신경 쓰지 말라. 삶의 아름다움을 추구하되, 어느 하나에 치우치지 말라. 행운이 재물을 준다면 누리되, 재물의 노예가 되지 말라. 당신을 불안하게 만드는 것들이 사라져야 영원한 평화와 자유를 누릴 수 있다. 관능적인 쾌락과 물질적인 것은 비천한 범죄와 얽혀 있다. 대신 변치 않는 기쁨, 평화, 고귀한 정신, 친절함 같은 정신적 가치를 추구하라.

쾌락에 빠진 사람들은 미덕과 쾌락이 함께할 수 없다는 경고를 무시한다. 악덕을 지혜로 포장해 자랑스럽게 드러낸다. 이들은 자신의 삶이 수치스럽고 잘못되었다는 자각조차 잃게 된다. 한때 부끄러워하던 행동을 찬양하며 악덕을 자랑스러워하게 된다.

루킬리우스에게 보내는 편지들

인생의 어느 항구로 가야 할지 스스로 알고 있는가?

어느 항구로 가야 할지 모른다면 아무리 순풍이 불어도 소용없다. 목표 없는 노를 젓는다면 바람도 돕지 않는다. 삶은 숨 쉬고 식사하고 잠자고 일하는 것이 아니다. 인간은 무엇을 위해 사는가를 알아야 한다. 사람들은 자주 삶의 목적을 잊는다. 그릇된 목적을 좇으며 인생의 의미와 가치를 잃는다.

본성을 따르는 삶을 살아야 한다. 자신의 본성에 따라 산다는 것은 인간으로서 가진 이성과 도덕과 지혜를 발휘하는 것이다. 또한 사회적 동물로서 친절과 정의, 협력을 실천하는 것이다.

루킬리우스에게 보내는 편지들

왜 철학자는 재산을 경멸해야 한다고 말하면서 재산을 갖는가?

나는 부를 부정하지 않는다. 철학자가 재산을 경멸해야 한다고 말하는 이유는 그것을 가지지 않기 위해서가 아니다. 재산을 지키느라 전전긍긍하지 않기 위해서다.

루킬리우스에게 보내는 편지들

Q95

왜 굳이 바다를
건너는가?

자연이 세상에 고르게 나눠둔 양식은 곳곳에 넘쳐난다. 그러나 사람들은 마치 눈먼 듯이 이를 보지 못한다. 굳이 여기저기 섭렵하며 바다를 건넌다. 적은 돈으로도 허기를 달랠 수 있는데, 큰돈을 들여 허기를 부채질한다. 그 끝에는 쾌락을 마주하는 게 아니라, 불행만 마주하게 될 뿐이다.

루킬리우스에게 보내는 편지들

부탁할 게 없다는 것이
얼마나 즐거운지
생각해보았는가?

아름다운 삶은 무엇이든 부탁하지 않고도 누릴 수 있는
삶이다. 부탁의 대부분은 필요가 아니라 과함에서 온다.
과함은 불행을 가져온다.

루킬리우스에게 보내는 편지들

은혜를 베풀면 왜
반드시 돌려받아야
한다고 생각하는가?

은혜를 베풀었다면 잊어라. 거만한 은혜는 베풀지 말라. 해로운 선물, 위선적인 은혜는 베풀지 말라. 은혜를 빚졌을 때 불안해하지 말고, 갚을 기회를 찾되 의식적으로 만들지 말라. 의무에서 벗어나 빨리 자유로워지려는 마음이야말로 은혜를 저버리는 것이다. 비자발적으로 빚을 갚는 일은 누구에게도 행복일 리 없다. 받은 은혜를 부담으로 여기는 것은 은혜를 선물이 아닌 짐으로 여기는 것이다.

루킬리우스에게 보내는 편지들

가장 만나기 어려운 사람은 자기 자신이라는 걸 알고 있는가?

가장 만나기 어려운 사람은 바로 자기 자신이다. 우리가 일이 많아서가 아니라, 지금 당장 뭔가 해야 한다는 강박 때문에 바쁘다. 이 강박이 없다면 아무리 어리석은 사람이라도 움직이지 않을 것이다. 그러나 우리는 사물의 겉모습에 현혹되어 본질을 보지 못한다.

밖에 나가 군중 속에 섞이거나, 별 의미 없는 일로 시내를 방황하는 사람은 하찮은 일을 하는 것이다. 하루 종일 여기저기 문을 두드리지만, 응답은 없고 문지기에게 쫓겨나기 일쑤다. 그러다가 마침내 가장 만나기 어려운 인물이 바로 자기 자신이라는 사실을 깨닫게 된다. 이런 부적절한 습관에서 남의 사정을 엿듣고 캐물으며, 위험한 이야기를 알게 되는 악덕이 생겨난다.

루킬리우스에게 보내는 편지들

살면서 얼마나 많은
재산이 있어야 한다고
생각하는가?

나는 재산이 아니라 세속적인 '바쁜 일'을 잃었다. 바쁜 일을 잃었기에 행복을 얻을 수 있었다.

몸은 많은 것을 필요로 하지 않는다. 그저 추위를 막고, 허기와 갈증을 달래는 음식이면 충분하다. 그 이상의 것을 탐한다면, 필요해서가 아니라 욕심 때문이다. 바다를 모두 탐험할 필요도, 동물의 고기로 배를 가득 채울 필요도, 멀리 있는 바다에서 조개를 캘 필요도 없다.

헬비아에게 보내는 위로의 편지

Q100

운명과의 싸움에서
승리하고 싶은가?

운명과의 싸움에서 쉽게 무너지지 않으려면 내면을 강화해야 한다. 내면이 강하면, 어떤 상황에도 몰락하지 않는다. 대비를 잘하려면 어떻게 해야 할까? 무슨 일이 일어나도 분노하지 않으면 된다. 위해를 가하는 것처럼 보이는 일도 분노할 필요 없다. 부정한 사건은 우주 만물의 운행과 보전을 위해 일어난 것뿐임을 이해해야 한다. 인간은 그저 신이 좋다고 인정한 것을 좋다고 여기면 된다. 그리고 자기 자신과 자신이 가진 것에 감탄하면 된다.

루킬리우스에게 보내는 편지들

명성을 얻은 자를 왜 부러워하는가?

법관의 옷을 입었다고, 토론장에서 이름이 오르내린다고 부러워할 이유는 없다. 그들은 한 해의 명성을 위해 평생을 바치고 인생을 내던졌다. 그러다 오랜 노력 끝에 꿈꾸던 자리에 오르기도 전에 나가떨어지기도 한다.

최고의 권력을 얻고 나서 비참해질 수도 있다. 문득, 그럴듯한 묘비명 하나 남기자고 생고생했나 싶은 생각이 든다. 노인이 된 줄도 모르고 희망찬 계획을 세워 무리하다가 우연히 자신의 나약함을 깨닫게 되기도 한다.

인생의 짧음에 대하여

세네카는
왜 네로 황제의
명령대로
자결을 했을까?

세네카의 이력은 매우 화려했습니다. 그는 로마 최고의 철학자이자 극작가였습니다. 또한 현대에 비유하면 국방부 장관, 대통령 비서실장, 재무장관 등을 동시에 역임할 정도로 속세의 중심에 있던 인물이었습니다. 현인이었던 그는 왜 자신의 제자였던 네로 황제의 명을 받아들이고 자결했을까요?

세네카의 죽음은 스토아 철학을 실천한 한 인간의 깊은 신념을 보여줍니다. 그의 자결은 단순한 선택이 아니라 철학적 원칙을 삶 속에서 구현한 최후의 행위였습니다.

세네카의 자결은 스토아 철학의 핵심 개념인 아파테이아Apatheia를 실천한 행위였습니다. 아파테이아는 감정의 평정 상태를 의미하며, 이는 감정을 완전히 제거하는 것이 아니라 감정에 휘둘리지 않고 이성적으로 통제하는 상태를 뜻합니다. 세네카는 네로 황제의 자결 명령에 대해 분노하지도 슬퍼하지도 않았습니다. 그는 친구와 가족들 사이에서 담담히 담소를 나누며 자결했고, 이는 그가 평생 실천해온 아파테이아 철학의 절정이었습니다.

그리고 세네카의 자결은 '자연의 섭리를 따른 삶'을 실천한 결과였습니다. 세네카는 '인간은 누구나 죽음과 가까이 있다'라고 생각했습니다. 죽음은 삶의 일부로, 두려워할 필요가 없으며 언젠가 맞이해야 할 친구 같은 존재라고 여겼습니다. 그래서 죽음이 가까워졌을 때, 그는 초연히 받아들였습니다. 이는 그가 죽음을 자연의 섭리로 받아들였음을 보여줍니다.

여기까지 읽은 분들은 이렇게 반문할 수 있습니다. "아무리 그렇다고 해도, 폭정을 일삼는 못된 네로 황제의 명령을 듣고 자결한 건 패배자가 아닌가?"

세네카의 마음을 직접 들여다볼 수는 없지만, 그가 살아 있었다면 친구들의 만류에도 이렇게 답하지 않았을까 상상해봅니다.

"나는 이미 69세가 되었네. 살 만큼 살았다고 할 수 있지. 만약 내가 젊은 나이였다면 더 살기 위해 노력했을 거라네. 내가 가진 지혜를 사람들에게 나눠주기 위해서라도 말이야. 혹은 나의 노동으로 로마 사람들이 행복할 수 있다면, 네로 황제에게 살려달라고 설득했을 거라네.

하지만 나는 이미 천수를 누렸네. 그리고 이미 많은 저서를 집필하여 나의 지혜는 모두 담아두었네. 또한 정치적으로 내가 복귀하기엔 상황상 불가능하다고 보여지네. 더 이상 살 이유가 없는 것이지.

인간은 어차피 하루하루 죽음과 가까워지고 있네. 나는 죽음이 전혀 두렵지 않네. 당신들과 헤어지는 건 아쉽지만 말이야. 물론 내가 도피한다면 2~3년은 더 살 수 있을지도 모르네. 하지만 도피하면 무얼 하나? 내가 말하지 않았나? 삶은 오래 산다고 좋은 게 아니라네. 덕을 실천하고, 노동하며, 철학을 가지며, 마음의 평온을 유지하는 게 가치 있는 삶이라네. 지금 만약 도피해서 불안하고 가

치 없는 삶을 산다면, 내가 지금껏 지켜온 철학은 무너져
버린다네.

내가 없다고 세상이 무너진다고? 나는 그렇지 않다고
생각하네. 앞서 말했듯, 인간의 불행은 벌어지지도 않은
일을 상상하며 생겨난다네. 내 죽음이 자연의 섭리였듯,
세상은 섭리에 따라 잘 흘러갈 테니 걱정 말게.

정녕 나를 이해한다면, 자연의 섭리에 따르는 나의 마지
막 모습을 지켜봐주게나…

잘 지내게."

세네카 연대기

기원전 4년   **루키우스 안나이우스 세네카**Lucius Annaeus Seneca **스페인의 코르도바에서 출생.**

기원후 5년   **어린 시절 로마로 이주하여 교육을 받기 시작.**

기원후 10년   **유명 연설가이자 수사학자 아버지로부터 교육을 받음.**

기원후 15년   **아버지의 영향을 받아 수사학과 철학을 집중적으로 공부.**

기원후 20년   **아테네로 유학을 떠나 스토아 철학을 연구.**

기원후 25년   **로마로 돌아와 법률과 철학에 대한 지식을 넓히며 연설가로서 명성을 쌓음.**

기원후 31년   **원로원 의원으로서 정치 활동을 시작.**

기원후 37년   **칼리굴라 황제 치하에서 연설가로서 명성을 얻음.**

기원후 41년   **칼리굴라 황제의 정치적 음모로 코르시카 섬으로 추방됨.**

기원후 49년   **클라우디우스 황제의 아내 아그리피나의 도움으로 로마로 돌아옴.**

기원후 49년   **네로 황제의 가정교사로 임명.**

기원후 54년   **네로 황제가 즉위하자 그의 고문으로 활동하며 큰 영향력을 행사.**

기원후 58년   **네로의 사치와 폭정을 경계하며 충고를 아끼지 않음.**

기원후 62년   **정치적 음모와 네로의 의심으로 인해 관직에서 물러남.**

기원후 63년   **정치에서 은퇴하고 저술과 철학 연구에 전념.**

기원후 64년   **《자연 질문집**Naturales Quaestiones**》 완성.**

기원후 64년   **《정신적 평온에 대하여**De Tranquillitate Animi**》 출판.**

기원후 65년   **피소 사건에 연루되어 네로 황제로부터 자결 명령을 받음.**

기원후 65년   **로마 근교 자택에서 독약을 마시고 목욕탕에서 자결로 생을 마감.**

사형당했지만 이 편지는 주고 싶습니다
세네카의 행복론

초판 1쇄 발행 2024년 7월 2일 ● **지은이** 루키우스 안나이우스 세네카 ● **옮긴이** 박정민
브랜드 필로틱 ● **기획·제작** 박현종, 경정은, 공혜민 ● **마케팅** 김지우, 전유성, 하민지
외부 스태프 북디자인 STUDIO BEAR

문의 book@pudufu.co.kr
발행처 라이프해킹 주식회사 ● **출판 등록** 제2022-0000341호
주소 서울시 강남구 도산대로 207, 9층 1호 (신사동, 성도빌딩)

ISBN 979-11-987136-2-9   03100